JE PEUX FAIRE DES ENSEMBLES

Je peux faire DIX

CHRISTINA EARLEY

Un livre de la collection Les racines de Crabtree

CRABTREE
Publishing Company
www.crabtreebooks.com

Soutien de l'école à la maison pour les parents, les gardiens et les enseignants

Ce livre aide les enfants à se développer grâce à la pratique de la lecture. Voici quelques exemples de questions pour aider le lecteur ou la lectrice à développer ses capacités de compréhension. Les suggestions de réponses sont indiquées en rouge.

Avant la lecture

• De quoi ce livre parle-t-il?
  • *Je pense que ce livre parle de faire un ensemble de dix.*
  • *Je pense que ce livre parle de faire des additions jusqu'à dix.*

• Qu'est-ce que je veux apprendre sur ce sujet?
  • *Je veux apprendre comment additionner jusqu'à dix.*
  • *Je veux apprendre différentes façons d'arriver à dix.*

Pendant la lecture

• Je me demande pourquoi...
  • *Je me demande pourquoi un plus neuf égale dix.*
  • *Je me demande pourquoi deux plus huit égale dix.*

• Qu'est-ce que j'ai appris jusqu'à présent?
  • *J'ai appris que six et quatre font dix.*
  • *J'ai appris que trois plus sept égale dix.*

Après la lecture

• Nomme quelques détails que tu as retenus.
  • *J'ai appris que cinq et cinq font dix.*
  • *J'ai appris que un plus neuf égale dix.*

• Lis le livre à nouveau et cherche les mots de vocabulaire.
  • *Je vois le mot **égale** à la page 6 et le mot **parc** à la page 12. L'autre mot de vocabulaire se trouve à la page 14.*

9+1=10   4+6=10
  3+7=10   8+2=10

Je peux additionner pour faire le nombre dix.

Six et quatre
font dix.

6 + 4

Deux **plus** huit **égale** dix.

2

+

8

3 + 7 = 10

Trois plus sept
égale dix.

Cinq et cinq
font dix.

Un plus neuf
égale dix.

C'est amusant de faire dix au **parc**.

Liste de mots
Mots courants

additionner	faire	pour
c'est	font	quatre
cinq	huit	sept
de	je	six
deux	le	trois
dix	neuf	
et	peux	

La boîte à mots

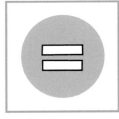

égale

parc

plus

40 mots

Je peux additionner pour faire le nombre dix.

Six et quatre font dix.

Deux **plus** huit **égale** dix.

Trois plus sept égale dix.

Cinq et cinq font dix.

Un plus neuf égale dix.

C'est amusant de faire dix au **parc**.

Autrice : Christina Earley
Conception : Rhea Wallace
Développement de la série :
James Earley
Correctrice : Janine Deschenes
Conseils pédagogiques :
Marie Lemke M.Ed.
Traduction : Annie Evearts
Coordinatrice à l'impression :
Katherine Berti
Références photographiques :
Shutterstock : Edwin Butter :
couverture, p. 1; Phai : p. 3; AfricaStudio
: p. 5 (haut), 9 (bas); EKaterina Brusnika
: p. 5 (bas); Tinnapong : p. 7 (haut);
MonkeyBusinessImages : p. 7 (bas),
8 (bas); Jiri Sebesta : p. 8 (haut);
Pixel-shot : p. 9 (haut); Sergei Brik : p.
11 (haut); Aleksandr Makarenko : p. 11
(bas); wavebreakmedia : p. 13, 14

JE PEUX FAIRE DES ENSEMBLES

Je peux faire

DIX

Crabtree Publishing Company

www.crabtreebooks.com 1-800-387-7650

Publié aux États-Unis
Crabtree Publishing
347 Fifth Avenue
Suite 1402-145
New York, NY, 10016

Publié au Canada
Crabtree Publishing
616 Welland Ave.
St. Catharines, Ontario
L2M 5V6

Imprimé au Canada/062021/CPC

**Catalogage avant publication de
Bibliothèque et Archives Canada**
Titre: Je peux faire dix / Christina Earley ; texte français
    d'Annie Evearts.
Autres titres: I can make ten. Français. | Je peux faire 10
Noms: Earley, Christina, auteur.
Description: Mention de collection: Je peux faire des
    ensembles | Les racines de Crabtree | Traduction
    de : I can make ten. | Comprend un index.
Identifiants: Canadiana (livre imprimé) 20210257806 |
    Canadiana (livre numérique) 20210257830 |
    ISBN 9781039604490 (couverture souple) |
    ISBN 9781039604551 (HTML) |
    ISBN 9781039604612 (EPUB) |
    ISBN 9781039604674 (livre numérique avec narration)
Vedettes-matière: RVM: Addition—Ouvrages pour
    la jeunesse. | RVM: Mathématiques—Ouvrages
    pour la jeunesse. | RVMGF: Documents pour la
    jeunesse.
Classification: LCC QA115 .E27414 2022 | CDD j513.2/11—dc23